Cosas que me gustan de

Mis abuelos

Trace Moroney

Me gustan mucho mis cuatro abuelos
y **los quiero mucho**.
Y ellos también me quieren.

Estos son el abuelito y la abuelita,
los padres de mi madre.

Y estos son el abuelo y la abuela,
los padres de mi padre.

Mis abuelos son parte de **mi familia**.

El abuelito y la abuelita viven cerca
y por eso los veo casi todos los días.
Me hacen sentir muy especial.

A la abuelita
le gusta
enseñarme a tejer

y deja
que me disfrace
con su ropa.

Y mientras cocinamos juntos,
hablamos y nos reímos mucho.

Al abuelito le gusta enseñarme a hacer cosas
y me cuenta historias muy divertidas
de cuando tenía mi edad.
Siempre se le olvida
dónde ha dejado sus gafas.

El abuelito y la abuelita son muy, **muy** mayores.

Y tienen un perro y un gato
que también son muy, muy mayores.

Me cuesta imaginar a mis abuelos
cuando tenían mi edad.

Dicen que por dentro se sienten muy jóvenes,
pero que sus cuerpos han envejecido
y no funcionan tan bien como antes.

A veces les cuesta hacer cosas muy sencillas,
como cuando trabajan en el jardín.
Me gusta mucho ayudarles y con ellos aprendo
muchas cosas divertidas e interesantes.

También quiero mucho al abuelo y a la abuela.
Viven muy lejos y por eso no los veo a menudo.
Pero hablamos mucho por teléfono
y nos mandamos cartas y correos electrónicos.

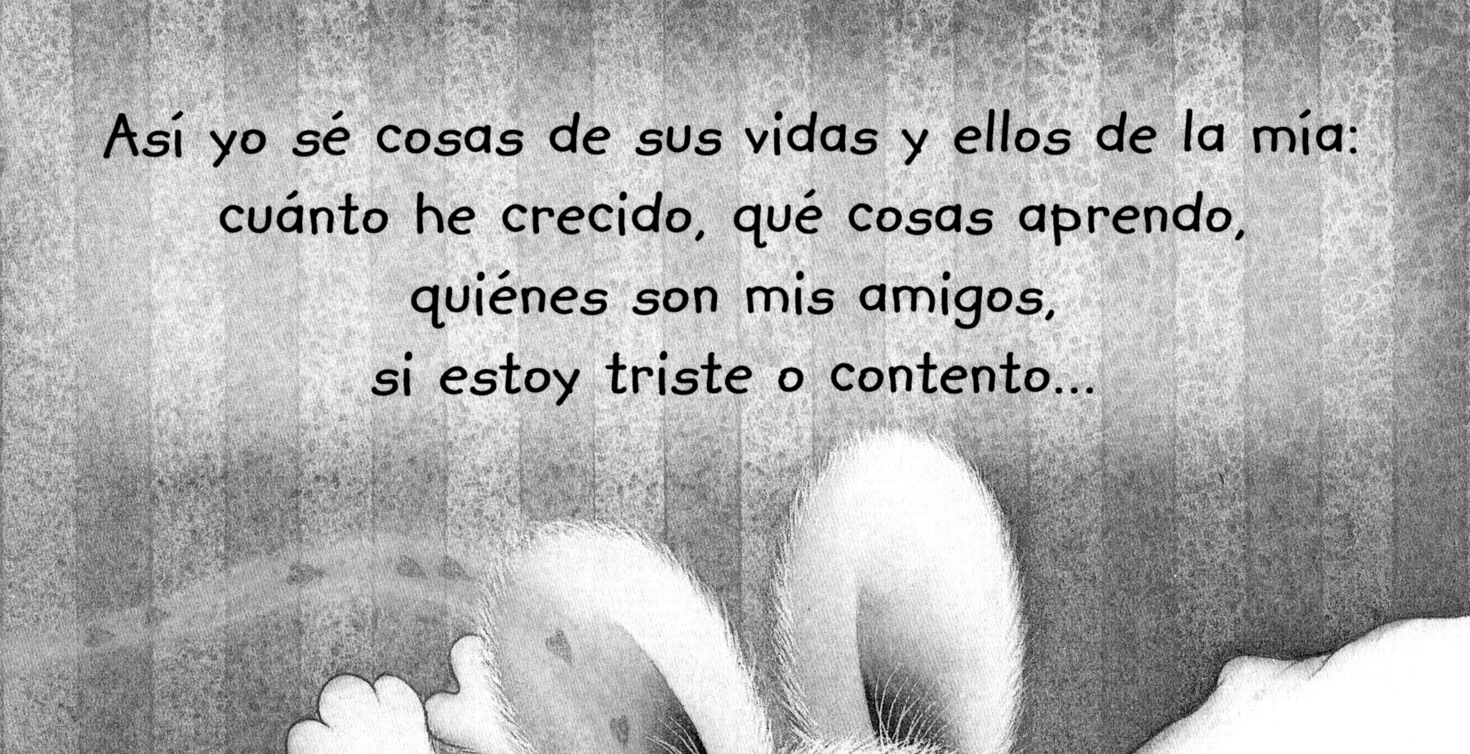

Así yo sé cosas de sus vidas y ellos de la mía:
cuánto he crecido, qué cosas aprendo,
quiénes son mis amigos,
si estoy triste o contento...

Pasar tiempo con mis abuelos
hace que me sienta contento, querido y seguro.
Me **gusta mucho** estar con ellos
y a ellos les **gusta mucho** estar conmigo.

Quiero mucho a mis abuelos.

NOTA PARA LOS PADRES

La autoestima es la clave

La colección **Cosas que me gustan de** muestra ejemplos sencillos de situaciones cotidianas de los niños para, a partir de ellos, generar un pensamiento positivo.

Tener una actitud positiva es, simplemente, ser optimista por naturaleza y mantener un buen estado de ánimo. Pero ser positivo no significa no ser realista. Las personas positivas reconocen que las cosas malas pueden ocurrir tanto a personas optimistas como pesimistas; sin embargo, las personas positivas buscan siempre la mejor manera posible de resolver problemas.

Los investigadores de la psicología positiva han comprobado que las personas con actitud positiva son más creativas, tolerantes, generosas, constructivas y abiertas a nuevas ideas y experiencias que aquellas con una actitud negativa. Las personas positivas tienen relaciones personales más satisfactorias y una mayor capacidad para el amor y la alegría. Además, son más alegres, sanas y longevas.

En este libro he usado muchas veces la palabra *gustar* ya que es una palabra simple, pero poderosa que se usa para enfatizar nuestro pensamiento positivo sobre las personas, cosas situaciones y experiencias. Creo que es la palabra que mejor describe el *sentimiento* de vivir de manera optimista y positiva.

LOS ABUELOS

La relación entre abuelos y nietos es una gran oportunidad para que los mayores compartan recuerdos, aficiones y actividades con los niños, les enseñen muchas cosas y les muestren una actitud positiva ante el hecho de envejecer.

Ya sea usted un abuelo a tiempo completo, involucrado activamente en la crianza de sus nietos, un abuelo amigo, que se centra más en jugar y en pasar ratos divertidos con ellos, o un abuelo ausente porque vive lejos, no se puede negar que la relación abuelos-nietos es muy enriquecedora y agradable y tiene una gran importancia para ambas partes.

Un abuelo puede tener varios papeles: historiador de la familia, mentor, modelo a seguir, padre suplente, educador... a la vez que da amor, apoyo, seguridad, guía y ánimo al niño dentro del ámbito familiar.

Trace Moroney

Trace Moroney es una autora e ilustradora de éxito internacional.
Se han vendido más de tres millones de ejemplares de sus libros,
traducidos a quince idiomas.

Primera edición: octubre de 2012
Segunda edición: julio de 2013

Título original: *The Things I love about Grandparents*
Dirección editorial: Elsa Aguiar
Coordinación editorial: Teresa Tellechea
Traducción del inglés: Teresa Tellechea
Publicado por primera vez en 2011 por The Five Mile Press Pty Ltd
1 Centre Road, Victoria 3179, Australia

Impresores, 2 - Urbanización Prado del Espino
28660 Boadilla del Monte (Madrid)
Atención al Cliente
Tel.: 902 121 323
Fax: 902 241 222
clientes@grupo-sm.com

Depósito legal: M-18.018-2012
ISBN: 978-84-675-5665-0
Impreso en China /*Printed in China*